PINGUINE

STILVOLL ÜBERLEBEN IM SÜDATLANTIK

ANDY ROUSE
& TRACEY RICH

Bassermann

ISBN 978-3-8094-2237-2

Originaltitel: Penguin Life – Surviving
with Style in the South Atlantic
Die Originalausgabe ist erstmals 2007
unter dem Titel Penguin Life bei David
& Charles, Brunel House, Newton
Abbot, Devon, TQ12 4 PU erschienen.

Umschlaggestaltung:
Atelier Versen, Bad Aibling
Fotos:
Andy Rouse und Tracey Rich
Übersetzung:
Inge Uffelmann, Bayreuth
Redaktion: Herta Winkler
Herstellung: Sonja Storz

Satz: Filmsatz Schröter, München
Druck: KHL, Singapur

Printed in Singapore

817 2635 4453 6271

INHALT

EINLEITUNG 005
LEBEN DER PINGUINE 009
HÄUSLICHES LEBEN 029
FAMILIENLEBEN 051
PENDLERLEBEN 075
GESELLSCHAFTLICHES LEBEN 095
ÜBERLEBENSKAMPF 119
STRANDLEBEN 131
ANDY UND TRACEY ÜBER PINGUINE 158
DANKSAGUNG UND LITERATUR 159

EINLEITUNG

Flugunfähig und in den unwirtlichsten Gegenden der Erde heimisch, sind Pinguine die am leichtesten erkennbaren, aber auch die rätselhaftesten Vögel der kalten Südregionen. Es gibt rund 17 verschiedene Arten dieser bemerkenswerten Vögel; die in diesem Buch vorgestellten sechs Arten, Königs-, Esels-, Felsen-, Zügel-, Adélie- und Brillenpinguine, führen in der Subantarktis und an den Küsten der antarktischen Halbinsel ein faszinierendes Leben, denn hier tauchen, surfen, kämpfen, spielen, fressen sie, hier finden sie ihre Partner und hier vermehren sie sich.

Pinguine haben sich mit der antarktischen Halbinsel und den subarktischen Inseln die kältesten und unzugänglichsten Nischen als Lebensraum erwählt. An den Küsten Südamerikas, Neuseelands und Südafrikas haben sie an Stellen einen Lebensraum gefunden, wo man sie nur mit Mühe besuchen kann. Nur an Land können wir ihnen folgen und einen kaum ausreichenden Blick auf sie werfen. Was wir sehen, ist ein linkisches, etwas umständliches Wesen, das Steine zusammensucht, um ein Nest zu bauen, und bei jedem Wetter standhaft das kostbare Ei auf den Füßen balanciert. Was wir meist nicht sehen, ist die Eleganz und Geschwindigkeit, mit der sie schwimmen und fischen, die Hingabe, mit der sie sich um ihre Jungen kümmern, die Geschicklichkeit, mit der sie aus dem Wasser an Land kommen, und die risikoreiche Unwirtlichkeit ihrer Umgebung, die sie täglich austricksen müssen.

Dieses Buch gibt einen Einblick in diese weniger bekannten Bereiche des Lebens der Pinguine. Anhand der hier präsentierten Bilder kann man direkt teilnehmen am täglichen Leben der Pinguine, denn als die Beobachter, die die Bilder aufnahmen, lebten wir jahrelang mit und unter ihnen. Doch diese Bilder zeigen auch ganz deutlich, wie beschwerlich das Leben dieser Kreaturen ist, die sich die südlichsten noch bewohnbaren Gefilde des Globus zum Lebensraum gewählt haben.

Pinguine zu fotografieren ist eine unglaublich lohnende Erfahrung. In ihren »schwarzen Fräcken mit der weißen Hemdbrust«, wie es der Polarforscher Apsley Cherry-Garrard 1922 in seinem Bericht über die unglücklichen Polarexpedition von Scott in den Jahren 1910 bis 1912 formulierte, sind sie ein Ausbund an gutem Aussehen. Unsere Besuche in der Antarktis waren erheblich angenehmer als der, den Cherry-Garrard in seinem Buch *The Worst Journey in the World* beschrieb, und sie wurden durch die spektakulären Anblicke, die wir zum Fotografieren geboten bekamen und nun hier mit Ihnen teilen können, noch großartiger.

Die einzelnen Pinguinarten sind durch ihr unverwechselbares Gefieder sofort identifizierbar, aber sie unterscheiden sich auch durch ihre Gewohnheiten und erstaunlichen Fähigkeiten, etwa der, einen glatten Felsen zu erklimmen oder ihr eigenes Junges unter 500 000 anderen wiederzufinden. Wie ein Mensch, so hat auch jeder einzelne Pinguin eine eigene Persönlichkeit, auch wenn sie dem ungeübten Auge zunächst alle gleich erscheinen. Hält man sich jedoch lange genug unter ihnen auf, sieht man, dass es unter ihnen scheue Eigenbrötler, kleine Draufgänger, dicke Freunde und gestresste Elternpaare gibt, die die frech werdenden Jungen einfach nicht im Zaum halten können.

Unsere Erfahrungen mit den Pinguinen haben einen bleibenden Eindruck auf uns gemacht. Obgleich ihr Leben hart ist – sie müssen die große Kälte der Antarktis aushalten, sich gegen Wale und Seelöwen behaupten, mit den Folgen von Umweltverschmutzung und Klimawandel zurechtkommen, ja, sich gegen andere Vögel zur Wehr setzen, die sie bedrohen –, gewinnen Pinguine ihrem Leben eine Menge Spaß ab und bringen den Beobachter mit ihren lustigen Faxen und Clownerien immer wieder zum Schmunzeln, gar zum Lachen.

Wir hoffen, dass unsere Bilder auch Ihnen etwa von der Lebensfreude der Pinguine übermitteln, Ihnen Spaß machen und zeigen, dass Pinguine viel mehr zu bieten haben, als Sie je dachten.

Andy Rouse & Tracey Rich

LEBEN DER PINGUINE

◀ NAMENSVERWIRRUNG

Eine der ungewöhnlichsten auf den subantarktischen Inseln heimische Pinguinart heißt mit lateinischem Namen *Spheniscus demersus* und wird im Englischen Magellanic Penguin genannt, nach dem portugiesischen Entdecker Fernão de Magalhães (Ferdinand Magellan), der 1519 als erster versuchte, die Welt zu umsegeln. Ihr englischer »Spitzname« lautet Jackass (Esel), denn wie ihre Vettern, die Eselspinguine, schreien auch sie wie die Esel. Ihren deutschen Name Brillenpinguine verdanken sie ihrer markanten Gesichtszeichnung.

EIN TYPISCHER ADÉLIEPINGUIN ▶

Mit seinem schwarzen Kopf und dem leuchtenden weißen Augenring ist der Adéliepinguin unverwechselbar: Auch er verdankt seinen Namen einem Pionier unter den Seefahrern, dem Franzosen Dumont d'Urville, der diese Pinguine nach seiner Frau Adélie benannte.

◀ **FRISURBETONTE SPRINGER**
Die Felsenpinguine zeichnen sich nicht nur durch ihre flotte Punk-Frisur aus, sie haben auch eine herausragende Fähigkeit, sie können nämlich in aufrechter Haltung mit beiden Füßen zugleich von Stein zu Stein hüpfen, weshalb sie im Englischen »Rockhopper« – »Felsenspringer« genannt werden. Sie gehören zur Gattung der Schopfpinguine, deren Mitglieder typischerweise gelbe Federschöpfe am Kopf tragen.

EIN ADÉLIEPINGUIN GEHT AN LAND ▶
Auch der berühmte britische Polarforscher Sir Ernest Shackelton gab einer seiner Töchter den Namen Adélie.

SCHLAFENDER KÖNIGSPINGUIN ▶
Wenn die Gelegenheit günstig ist, machen auch Pinguine gern ein Nickerchen. Wie andere Vögel stecken sie dann den Kopf unter den Flügel, allerdings schlafen sie nur, wenn eine Gruppe beieinander ist, sodass immer ein paar Kumpane wach und auf der Hut sind.

◀ **SEINE MAJESTÄT, DER KÖNIGSPINGUIN**
Trotz ihrer Größe – im Schnitt 95 cm – und der Tatsache, dass sie große Brutkolonien von mehreren tausend Tieren bilden, sind Pinguine sehr empfindlich und vertragen keine Störung; man muss sich ihnen sehr vorsichtig nähern. Königspinguine haben einen ausgesprochen königlichen, eleganten und gemessenen Gang. Ständig beobachten sie ihre Umgebung mit scharfem Blick und halten dabei die Schnäbel hoch.

▲ **WASSERFESTER SCHWIMMANZUG**
Die Pflege des Gefieders nimmt im Leben der Pinguine großen Raum ein. Das Salzwasser, in dem sie sich bewegen, tut den Federn nicht gut; sie wasser- und wetterfest zu halten ist also überlebenswichtig. Nur wenn die Federn tipptopp gepflegt sind, können sie die Vögel warm und trocken halten.

FELSENPINGUINE BEIM DUSCHEN

Nachdem sie draußen im Meer zum Fischen gewesen sind, nehmen diese Felsenpinguine eine Dusche unter dem Süßwasser eines kleinen Wasserfalls. So spülen sie nicht nur das Salz von ihrem Federkleid, im Vergleich zu der Kälte des Meerwassers ist dieser Wasserfall auch wie ein angenehm warmes Brausebad. Wie man sieht, haben sie ihr Bad sehr genossen, aber auch streng darauf geachtet, dass keiner zu lange unter der Dusche blieb – schließlich wollte jeder mal drankommen.

◄◄ **ESELSPINGUIN AUF DEM EIS**
Normalerweise stellt man sich alle Pinguine als ständig auf dem Eis lebend vor, doch wie die Bilder in diesem Buch zeigen, leben die meisten Arten an den Rändern der von Eis bedeckten Zonen, und die können recht kahl, aber monatelang schnee- und eisfrei sein. Eselspinguine begeben sich nur selten in die Region jenseits des 65. südlichen Breitengrads. Wenn man sie auf Eis sieht, dann sind das oft treibende Schollen in den Wassern, in denen sie jagen.

◄ **EIN DÜNNER SCHWARZER STREIFEN**
Zügelpinguine, auch Kehlstreifpinguine genannt, verdanken ihren Namen dem schmalen schwarzen Streifen unter ihrem Kinn, der an einen Zügel erinnert. Sie sind schon eher in den häufig ganzjährig von Eis bedeckten Regionen zu finden, aber auch auf den eisfreien Inseln der Subantarktis.

NOCH MEHR NAMENSVERWIRRUNG ►
Der wissenschaftliche Name des Eselspinguins lautet *Pygoscelis papua*, wobei sich das »papua« der falschen Annahme verdankt, diese Pinguine hätten ursprünglich auf Papua-Neuguinea gelebt. Im Englischen werden diese Pinguine »Gentoo« genannt, ein Wort, das der Sprache der indischen Hindus entnommen ist und so viel wie »Heide« bedeutet. Wie die Tiere an diesen Namen kamen, ist ungeklärt. Ihr deutscher Name Eselspinguin (nicht zu verwechseln mit dem englischen »Jackass«, das zwar auch Esel heißt, aber einen Brillenpinguin meint, siehe Seite 11) rührt von ihrem typischen Schrei her.

SCHLUMMERNDER ZÜGELPINGUIN ▶

Pinguine können sehr individuelle Persönlichkeiten sein; vielleicht fällt uns das auf, weil sie uns Menschen in vielem so ähnlich scheinen. Dieser schlummernde Zügelpinguin ist da keine Ausnahme. Pinguine sind von Natur aus nicht ängstlich, vor allem nicht an Land, denn die meisten ihrer Feinde leben im Meer. Folglich sind sie neugierig und haben auch dem Menschen gegenüber wenig Scheu. Deshalb konnten wir uns ihnen an Land gut nähern und sie wenigstens dort genau beobachten.

WELLENREITER ▶▶

Dieser Eselspinguin schaut dem Fotografen direkt und neugierig in die Linse. Pinguine finden die menschlichen Besucher mindestens ebenso faszinierend wie umgekehrt, und ihre Neugier macht sie umso interessanter. Da alle Pinguine einer Art ein sehr typisches Federkleid tragen, kann man die einzelnen Arten recht gut auseinanderhalten, woraus wohl auch die Pinguine selbst ihren Nutzen ziehen.

▲▶ **HÜPFENDER ZÜGELPINGUIN**

Es ist alles andere als leicht, mit kurzen Beinen auf einen glatten Felsen zu springen, wenn man gerade aus eiskaltem Wasser kommt. Aber mit der Unterstützung der verkümmerten, zum Fliegen nicht mehr taugenden Flügel gelingt es diesem Zügelpinguin, wie man sieht, ganz ausgezeichnet. Wenn die Vögel sich wirklich einmal verschätzen und auf dem Bauch landen, sind sie durch ihre innere Fettschicht gut abgepolstert.

◀ **BALANCEAKT**

Dass sie nicht fliegen können ist für Pinguine keine Behinderung, sie »fliegen« stattdessen durchs Wasser. An Land wirken sie ihrer kurzen Beine wegen tollpatschig, doch diese kurzen Beine sind unter Wasser hervorragende Steuerruder. Obwohl ihr typischer Watschelgang sehr beschwerlich aussieht, marschieren die meisten Pinguine enorm weite Strecken, wobei ihnen ihre Flügel, die eigentlich Flossen sind, helfen, die Balance zu halten.

◀ **JEDER EIN KÖNIG**
Königspinguine sind *die* Pinguine schlechthin. Schlank und stromlinienförmig gebaut, sind sie hervorragende Schwimmer und recht gute Läufer. Sie können kerzengerade stehen, was sehr majestätisch wirkt, und da ihre außen schwarzen Flossen sehr lang sind, sieht es, wenn sie laufen, aus, als hätten sie einen langen Gehrock an. Ihre langen, schmalen Schnäbel setzten sie sehr effektvoll ein, sowohl zur Pflege ihres Gefieders als auch, gelegentlich, als Waffe beim Kampf mit Rivalen.

PINGUIN BEI SONNENUNTERGANG ▶
Die Eselspinguine gehören, wie man auf dem Bild sehen kann, zu den Pinguinarten, die über buschige Schwanzfedern verfügen. Solche Federn haben auch Adélie- und Zügelpinguine. Sie alle bevorzugen Brutplätze auf den sanften Abhängen der arktischen Inseln. Ihre Nester bauen sie aus Steinen und Zweigen.

◄◄ ZÜGELPINGUIN BEIM SONNENBAD

Nichts lieben Pinguine so sehr wie ein Sonnenbad, wenn sie aus dem eiskalten Wasser kommen. Oft stehen sie mit dem Gesicht zur Sonne mit ausgebreiteten Flossen da, und wenn man sie beobachtet, kann man sehen, wie ihre Füße wieder Farbe bekommen (vorausgesetzt, sie sind hell, wie die der Zügelpinguine). Wenn sie aus dem Wasser kommen, schütteln sie sich wie ein Hund, um das an den Federn hängende Wasser loszuwerden.

◄ LÖCHERBUDDLER

Brillenpinguine, die auf den kalten, windgepeitschten Inseln, etwa den Falklandinseln, leben, buddeln sich dort gern Löcher, in denen sie Unterschlupf finden. Manche dieser Gebiete sehen bald wie gigantische Golfplätze aus, allerdings Golfplätze mit scheußlich vielen Bunkern.

GOLDENER GLANZ ►

Auch die Felsenpinguine lieben die Sonne. Vor allem bei Sonnenuntergang sieht man dann ihre tiefroten Augen und den kurzen roten Schnabel, vor allem aber die typische gelbe Schopfsträhne ganz besonders kraftvoll leuchten. Obwohl klein, sie erreichen maximal 58 cm, sind sie aggressive Zeitgenossen, die sich weder vor anderen Pinguinen noch vor Menschen fürchten.

HÄUSLICHES LEBEN

Obwohl es nicht unserer Vorstellung entspricht, leben und brüten die meisten der 17 Pinguinarten nicht im Eis. Sie haben sich zwar unwirtliche, abgelegene Gegenden der Südhalbkugel als ihr Zuhause gewählt, doch dort trifft man sie meist auf Schiefer, Sand, Fels, Gras und Moränen, auf Kliffs und oft mitten zwischen Industrieabfällen an. Alle aber haben sich einen Lebensstil angeeignet, der sie befähigt, in der unwirtlichen Umgebung gut zurechtzukommen.

◀ **FALKLAND-KOLONIEN**
Vor allem zur Brutzeit, wenn sie sich in riesigen Kolonien zusammenfinden, können Pinguine starken Einfluss auf ihre Umgebung nehmen. Dieses auf den Falklandinseln entstandene Bild zeigt Kolonien, die insofern ungewöhnlich sind, als sich hier Felsenpinguine mit Königskormoranen zusammengetan haben. Man sieht die beiden Arten oft nebeneinander nisten. Noch hat man dafür keine Erklärung, doch müssen beide Arten einen Nutzen daraus ziehen – vielleicht gibt die schiere Zahl der Individuen eine größere Sicherheit, vielleicht aber mangelt es auch nur an anderen geeigneten Nistplätzen.

▲ **NISTPLATZ DER ESELSPINGUINE**
Jede Pinguinart gibt einem bestimmten Habitat den Vorzug als Nistplatz. Eselspinguine findet man am häufigsten auf glatten Schieferfelsen oder Kieseln. Auch kurzes Tussackgras wirkt anziehend auf sie. Oft sieht man die zertrampelten, kotverdreckten Reste des Grases in der und rund um die Kolonie.

FELSENPINGUIN »ON THE ROCKS«

Wie ihr Name schon vermuten lässt, lieben Felsenpinguine eher ein felsiges Habitat und nisten oft sogar auf abschüssigen Felsen und Kliffs. Dass sie an so gefahrenreichen Stellen ihre Eier legen und ausbrüten, ist höchst bemerkenswert.

DUFTEMPFANG

Eselspinguine bilden große Kolonien, die man meist riecht, noch ehe man sie sieht. Der Gestank ist sehr penetrant und bleibt einem, auch wenn man sich noch so gründlich wäscht, in den Haaren, vor allem aber in der Kleidung hängen. Am besten nähert man sich solchen Kolonien gegen den Wind.

BRÜTENDES PAAR

Brillenpinguine suchen zum Brüten weichen Sand oder torfhaltige Erde, in die sie leicht ihre Löcher buddeln können. Oft finden sich ihre Kolonien deshalb weiter landeinwärts. Für die Eltern bedeutet dies, dass sie die Kolonien anderer – darüber meist ziemlich erboster – Pinguine durchqueren müssen, wenn sie zwischendurch zur Futterquelle im Meer wollen.

UMWELTEINFLUSS

Wenn sich mehrere Hundert Pinguine an einer Stelle zusammenfinden, dann wird dort unweigerlich jede Menge Guano (Pinguinkot) abgesetzt. Diese Kolonie auf der Insel Aitcho, die zur Gruppe der Südshetlandinseln gehört, hat deutlich sichtbare »Pinguinklos« zurückgelassen, die das Landschaftsbild dramatisch beeinflussen.

SCHROTT ALS SCHUTZSCHILD

Viele der Subarktischen Inseln dienten früher als Stützpunkte der Walfangindustrie. Die heute nicht mehr benötigten Maschinen und Gebäude verrotten. Die Pinguine haben sich die Gebiete zurückerobert und nutzen die rostende Maschinerie als Schutzschild, wie es diese Königspinguine auf einer der Inseln Südgeorgiens tun.

FISCHENDE ESELSPINGUINE

Eselspinguine gehören zu der am weitesten verbreiteten Pinguinart. Wenn sie nicht mit dem Brutgeschäft beschäftigt sind, verbringen sie die meiste Zeit auf dem Packeis rund um ihre Kolonien, und die legen sie am liebsten entlang der Küstenlinien an. Die Eselspinguine auf diesem Bild verhalten sich wie Stockenten: Sie schwimmen auf dem Wasser und tauchen auf der Suche nach Futter nur den Kopf unter, nutzen das Wasser aber auch zum Baden und um miteinander zu spielen.

GUT GENÄHRT

Dünne Pinguine gibt es nicht. Wie die Säugetiere der antarktischen Regionen haben auch die Pinguine zum Schutz vor der Kälte einen dicken Speckmantel unter der Haut. Da sie sich das Fliegen im Laufe der Evolution abgewöhnt haben, können sie sich diese schwere Fettschicht gut leisten. Der Speck selbst isoliert nicht nur gegen die Kälte, er verleiht ihnen auch Stabilität im Wasser.

SAUBERE WESTE

Wo so viele Bewohner dicht auf dicht nebeneinander leben, gibt es viel Dreck. Es ist aber lebenswichtig für die Pinguine, dass sie ihr Gefieder absolut sauber halten, denn nur dann ist es wasserdicht und bietet den nötigen Schutz vor dem eiskalten Wasser. Deshalb sieht man immer Tiere, die gerade dabei sind, sich zu putzen.

SCHEU, ABER NEUGIERIG

Die scheuen Brillenpinguine sind für den menschlichen Beobachter besonders amüsant, denn sie ziehen sich zurück, wenn Menschen kommen. Doch immer überwiegt die Neugier, und so tauchen sie regelmäßig aus ihren Höhlen und Löchern wieder auf, um zu sehen, wer da zu Besuch kam.

BEDROHTE FELSENPINGUINE

Felsenpinguine sind zähe kleine Burschen, aber ihre Bestände gehen zurück, und so werden sie von internationalen Vereinigungen zum Schutz der Natur wie dem IUCN als »bedrohte Art« eingestuft. Die meisten von ihnen brüten nördlich der Polarregion, wo sie sich an den Küstensäumen von Inseln an den blanken, oft steil ins Meer abfallenden Felsen in der Gesellschaft von Albatrossen und Kormoranen aufhalten.

▼ **FURCHTLOSE BANDE**
Selbst hoch oben über den Abbruchkanten steiler Felsen kann man Grüppchen von Felsenpinguinen beobachten. Bleibt man als menschlicher Beobachter still und geduldig sitzen, kommen diese furchtlosen, neugierigen Tiere von sich aus näher, ja sie zupfen, wenn man ruhig genug sitzen bleibt, mit den Schnäbeln an Stiefeln und Kleidung.

KUNSTWERK DER NATUR

An diesem fein geriffelten Felsen, den ein normaler Mensch nicht zu erklettern vermag, kann man die hohe Fähigkeit der Felsenpinguine erkennen, mithilfe der scharfen Krallen an ihren Füßen auch sehr steile Felsen zu erklimmen. Denn es waren viele Generationen von Felsenpinguinen, deren Krallen diese Riffeln und Rillen im Fels hinterlassen haben.

SAUBERE SACHE

Eine Kolonie von Felsenpinguinen auf den Falklandinseln. Es herrscht ständiges Kommen und Gehen, doch die Kolonie ist weniger schmutzig und sie stinkt weit weniger als Kolonien mancher anderer Arten. Obwohl sie nur so klein sind, marschieren die Felsenpinguine weite Strecken und überwinden dabei senkrecht aufragende Felsvorsprünge.

◀ WO GEHT'S HEIM?

Dieser Königspinguin steht recht verlassen in der Landschaft. Tatsächlich kann es passieren, dass sich einzelne Tiere verlaufen, wenn sie zur Brutkolonie zurück wollen. Ungewöhnliche Wetterphänomene können ihre Orientierung stören. Für die Zukunft kann das, bedenkt man den bevorstehenden Klimawandel, dramatische Folgen haben.

◀ NÄCHTLICHE ROUTINE

Bei Nacht kommen Pinguine an Land. Sie schlafen dann stehend oder auf dem Bauch liegend. Da es nur unmittelbar an der Küste Raubtiere gibt, die es auf Pinguine abgesehen haben, sind die erwachsenen Tiere bei Nacht relativ sicher. Die größte Gefahr droht ihnen von der Kälte und den Elementen der Natur.

PINGUINNISCHEN ▶
Die verschiedenen Pinguinarten leben unter ähnlichen Umweltbedingungen, besetzen aber verschiedene ökologische Nischen. Da andere Vogelarten kaum eine Konkurrenz darstellen, können Pinguine sowohl auf dem Eis als auch auf Sandstränden gedeihen.

◀ **ADÉLIEPINGUINE AUS DER LUFT**
Adéliepinguine begeben sich weiter nach Süden als die meisten anderen Arten und brüten oft auf dem Festland. Dadurch sind sie einem kühleren Klima ausgesetzt und müssen sich anders ernähren. Man hat festgestellt, dass Pinguine ihre Ernährung den jeweiligen Umwelteinflüssen anpassen.

◀ GIGANTISCHES TISCHTUCH
Pinguine folgen einem Herdentrieb. Wenn sie sich im Sommer der südlichen Hemisphäre zum Brüten zusammenfinden, können sie so zahlreich sein, dass sie die Landschaft regelrecht wie ein gigantisches schwarzweißes Tischtuch bedecken. Eselspinguine bevorzugen ein leicht abschüssiges Gelände, um die Morgensonne voll ausnutzen zu können.

KÖNIGSPINGUINE IN SÜDGEORGIEN ▶
Die Inseln Südgeorgiens können sich einiger Stellen rühmen, die für Königspinguine attraktiv sind, vielleicht, weil es andernorts an passenden Versammlungsorten für sie mangelt. Der größte Teil der Hauptinsel ist von hohen, senkrechten Steilküsten umgeben und auch die Hänge der Berge sind zu steil für sie. So bilden sie das Territorium der Seevögel, wie etwa der Albatrosse, während die Königspinguine in den flachen Regionen der Küstennähe bleiben.

◀ **EINE HALBE MILLION KÖNIGE**
Britische Polarforscher, die hier als Pioniere wirkten, haben die wichtigsten Brutplätze der Königspinguine Salisbury Plain und St. Andrew's Bay getauft. In der Tat sind diese beiden Orte mit nichts auf der Welt vergleichbar. 500 000 und mehr Königspinguine drängen sich so dicht zusammen, dass man den Boden unter ihnen, sei es ein Eisstrom, sei es felsiges Land, ja manchmal sogar das Wasser am Rand eines Gletschers, kaum sehen kann.

KÖNIGLICHES PAAR ▶
Die Brutkolonien der Pinguine in Südgeorgien sind so gigantisch, dass sie sich bis zu den Berghängen hin erstrecken. Dieses Paar hat sich einen erhöhten Punkt erwählt, von wo aus es das Gewusel zu seinen Füßen überblicken kann.

FAMILIENLEBEN

Der Drang zur Fortpflanzung ist bei Pinguinen ebenso stark wie bei anderen Tieren. Der kurze Sommer ihrer Lebensregion zwingt sie, so früh wie möglich mit dem Brutgeschäft zu beginnen, damit der Nachwuchs vor Einsetzen des Winters kräftig genug ist, der Kälte zu widerstehen. Das Wettrennen beginnt mit einer Periode, in der alle wie verrückt tätig sind, um unter schwierigsten Bedingungen zum Ziel zu kommen.

◀ ZWEI TAGE ALTE KÜKEN

Die Geschwindigkeit, mit der Pinguinküken heranwachsen, hängt von der Fähigkeit der Eltern ab, Fische zu fangen. Die hier gezeigten Eselspinguinküken sind zwei Tage alt. Nur etwa eine Woche später waren sie so groß wie das nebenseitig abgebildete Jungtier.

MAHLZEIT FÜR EIN KÜKEN ▶

Eselspinguine legen pro Saison zwei Eier und ziehen normalerweise zwei Küken groß. In den flachen Gewässern nahe der Brutkolonie gehen sie auf Nahrungsfang. Das mag einer der Gründe sein, weshalb sie so erfolgreich sind und wenig dazu neigen, Eier oder Küken zu verlassen.

JUNGTIER UND ELTERNTEIL ▶▶▶

Im Gegensatz zu den eleganten Elternvögeln sind die Küken der Königspinguine wirklich »hässliche Entlein«. Als die ersten Forscher zu den antarktischen Inseln kamen, hielten sie die Jungtiere für eine eigene Art! In alten Berichten kann man von braunen Pinguinen lesen, die ihres Gefieders wegen »Wollpinguine« genannt wurden.

GROSSE ANSTRENGUNG ▶▶

Tatsächlich sind die »Wollpinguine« die einjährigen Jungen der Königspinguine, die in der Brutsaison des Vorjahrs geschlüpft sind. Da sie sich so lange um die sehr großen und ungeheuer gefräßigen Jungen kümmern, können Pinguine nur eine begrenzte Zahl von Küken aufziehen. Königspinguine brüten in einem Dreijahreszyklus, weil es meist zwei Jahre erfordert, ein Küken erfolgreich großzuziehen.

EIN EI AUF DEN FÜSSEN ▶

Wie sein Cousin, der Kaiserpinguin (der in Kolonien am Rand des antarktischen Festlands brütet), legt auch der Königspinguin ein großes Ei, das sich der Vogel sofort auf die eigenen Füße legt, damit es nicht mit dem gefrorenen Boden in Berührung kommt, und mit der wärmenden Bauchfalte bedeckt. Diese Brutfalte wird stark durchblutet und wirkt wie ein elektrisches Heizkissen. Königspinguine bauen keine Nester, denn bei den ständig in ihrem Lebensraum tobenden Stürmen würden sie bloß weggeblasen werden.

◀ **LERNEN DURCH NACHAHMEN**
Brillenpinguine wachsen im Luxus eines relativ warmen, schönen Erdlochs auf, das die Eltern gegraben haben. Von beiden Eltern versorgt, wachsen sie rasch heran und ahmen das Verhalten der Eltern schnell nach.

▲ **MAHLZEIT**
Die Fütterung der Jungen ist harte Arbeit für die Eltern; nie scheinen sie für den ständig hungrigen Nachwuchs genug Nahrung mitzubringen und immer herrscht das Gefühl größter Dringlichkeit, denn die Jungen müssen rasch kräftig genug werden, um der bald wieder einsetzenden großen Kälte erfolgreich trotzen zu können. Buchstäblich ein Wettlauf mit der Zeit.

▲ **WIEDERERKENNUNG**
Die Küken aller Pinguinarten pflegen instinktiv jeden Erwachsenen um Futter anzubetteln, der in ihre Nähe kommt. Es ist erstaunlich, dass die Eltern in der Lage sind, aus dem chaotischen Gewühl der Kolonie ihr eigenes Küken herauszufinden. Man glaubt, dass dabei die ausgestoßenen Laute, eine Mischung aus Quietschlauten, Pfeiftönen, Keuchen und ähnlichen Geräuschen, eine Rolle spielt.

KÖNIGSPINGUIN IN DER MAUSER ▶
Nachdem sie sich das Gewicht, das sie im Winter verloren haben, wieder angefressen haben, setzt bei den jungen Königspinguinen die Mauser ein, das wollige Gefieder löst sich und darunter wird eine hellere Version des Federkleids sichtbar, das auch die Eltern tragen. Es muss eine ziemlich juckende Prozedur für den Jungvogel sein, und solange sie nicht abgeschlossen ist, sehen die Vögel manchmal ziemlich komisch aus.

▲ GETEILTE ELTERNPFLICHT
Beide Eltern wechseln sich beim Brüten, bei der Fütterung und der Beaufsichtigung des Kükens ab. Das Küken veranlasst den Elternvogel, die aufgenommene Nahrung auszuwürgen, indem es gegen den Unterschnabel des Elternvogels pickt. Vielleicht hilft ihm die auffällige Färbung des Unterschnabels, besser zu zielen und zu treffen.

▲ **WIR HALTEN ZUSAMMEN**
Dass Geschwister, wie diese beiden Eselspinguinküken, beisammen bleiben, ist für beide nützlich. Sie sind sicherer vor Räubern und können zusammenrücken, um sich zu wärmen. Wenn sie älter sind, spielen sie miteinander, was die Muskeln kräftigt und die Bewegungskoordination übt.

◄ **IM KINDERHORT**
Die meisten Pinguinarten bilden »Kinderhorte«, doch warum sie entstehen, ist noch nicht ganz geklärt. Es kann sein, dass die Aggression der Eltern gegenüber den Halbwüchsigen dazu führt, dass die sich in Grüppchen zusammentun, vielleicht sind solche Jugendgruppen aber auch einfach nur sicherer, solange die Eltern zur Nahrungsbeschaffung unterwegs sind.

▼ **SCHREIENDER ESELSPINGUIN**
Es gehört zur Entwicklung der Jungtiere, dass sie das Verhalten der Eltern nachahmen, zum Beispiel auch das typische Schreien der Eltern, wie es dieses Küken versucht.

SCHON FAST ERWACHSEN

Die Jungen der Brillenpinguine sind einzelgängerischer als andere Pinguinküken und halten sich sehr viel mehr an die Eltern. Sie werden rasch so groß wie die Erwachsenen.

AUFMERKSAME ELTERN

Bei manchen Arten, etwa den Felsenpinguinen, sehen die Küken den Eltern sehr bald ähnlich, während das bei anderen recht lange dauert. Sie werden von den Eltern streng beaufsichtigt, denn die Jungvögel sind durch Räuber, wie Karakaras und Raubmöwen, gefährdet, aber auch durch die Einflüsse der Elemente.

HALBWÜCHSIGE ESELSPINGUINE

Nachdem sie Kindheit und frühe Jugend hinter sich gebracht haben, wagen es die immer unabhängiger werdenden Pinguine, sich weiter und weiter von den Eltern und der Kolonie zu entfernen. Meist begeben sie sich Richtung Meer und gehen schon einmal vorsichtig ins Wasser, denn bald heißt es schwimmen lernen.

◀ **MITTEN IN DER MAUSER**

Königspinguine erneuern jedes Jahr ihr Federkleid; nur so ist sichergestellt, dass es wasserfest ist und den Unbilden der Witterung an Land standhält. Die Mauser setzt nach dem Brutgeschäft ein. Der ganze Boden ist dann mit Federn bedeckt und sieht aus wie nach einer gewaltigen Kissenschlacht.

SO WEIT DAS AUGE REICHT ▶

Wenn man schaut, wie viele Tiere hier auf engstem Raum versammelt sind, kann man sich vorstellen, wie viel Kot und Federn sie hier zurücklassen. Man beachte die aus dem Meer der Pinguine deutlich hervorstechenden Jungtiere mit ihrem braunen Federkleid, die sich in ihren »Horten« zusammenfinden.

◀ **PINGUINCHOR**
Kurz vor Sonnenuntergang gibt es allabendlich Unruhe in der Kolonie, wenn die Alten ihre Schreie ausstoßen und die Jungen versuchen, es ihnen nachzutun, ohne die Technik des melodischen Trompetens schon zu beherrschen. Wie auf Kommando kehrt dann plötzlich Ruhe ein.

ELTERLICHE FÜHRUNG ▶
Während das Eselspinguinküken seine Flossen reckt und damit die Muskeln trainiert, die es später zum Schwimmen braucht, steht das Elterntier wachsam hinter ihm.

◀ **ALTE ODER JUNGE?**
Wenn Eselspinguine heranreifen, kann man bald nicht mehr feststellen, ob es sich noch um Jungtiere oder schon um Erwachsene handelt.

▼ **NUTZE DEN TAG**
Eselspinguine schließen sich schon mit einem Monat einem Hort an, mit dreieinhalb Monaten sind sie alt genug, um ins Meer zu gehen. Der kurze Sommer heißt für die Tiere, dass sie sich schnell entwickeln müssen, um für den Winter stark genug zu sein.

◄ **SCHWIMMUNTERRICHT**
Ihre ersten Erfahrungen mit dem Meerwasser machen die Pinguine meist in »Jugendgangs«, wenn sich Einzelne mutig ins Wasser trauen und andere ihnen folgen. Die Brandung setzt sie dann wieder auf dem Strand ab.

DIE ENTDECKUNG DES SCHNEES ►
Obwohl Adéliepinguine den Schnee lieben, brüten sie doch in schneefreien Zonen. Sobald sie alt genug sind, werden die Jungen von den Erwachsenen zum Schnee geführt.

ERFOLG IN DER MITTE

Meist sind die Pinguineltern am erfolgreichsten, die ihre Jungen mitten in der Kolonie aufziehen – wahrscheinlich weil es die Räuber hier am schwersten haben und weil es hier wärmer ist. Wer einmal erfolgreich in der Mitte war, kehrt Jahr um Jahr immer wieder dorthin zurück.

ERSTER TAUCHGANG

Brillenpinguinküken, die in Erdlöchern aufwachsen, sind ganz besonders aufgeregt, wenn sie von den Eltern ans offene Meer geführt werden. Die Mitglieder dieser Jugendgruppe drängen sich dicht zusammen, während sie sich erstmals vorsichtig dem nassen Element nähern.

PENDLERLEBEN

Die tägliche Mühle, morgens zur Arbeit zu fahren und abends nach einem harten Tag zurückzukehren, beschränkt sich nicht auf uns moderne Großstädter. Auch viele Pinguinarten machen sich täglich zur »Plackerei« der Nahrungssuche auf und kehren abends heim. Eine ausgeklügelte Überlebensstrategie, dient dieses genau choreographierte und koordinierte Pendeln doch dazu, dem Nachwuchs die besten Chancen für den Start ins Leben einzuräumen.

SICHERHEIT IN DER MENGE

Einer der gefährdetsten Momente der täglichen Pinguinroutine ist der Übergang vom Land ins Wasser und umgekehrt. In dieser Phase haben sie das höchste Risiko, einem Räuber zum Opfer zu fallen. Sie timen ihre Ankunft am Meer und ihre Rückkehr zum Land deshalb so, dass immer große Gruppen gleichzeitig den Übergang unternehmen.

◄▼ KLETTERKÜNSTLER

Wer nicht glauben will, dass Pinguine geschickte Freeclimber sind, der sieht sich mit diesem Bild widerlegt. Mit scharfen Krallen an den Füßen und unglaublicher Kraft hat sich der Felsenpinguin die Fähigkeit angeeignet, senkrechte Felsstufen zu überwinden, die selbst Menschen, die Hände und Füße einsetzen können, größte Schwierigkeiten bereiten würden. Runterkommen ist, wie man sieht, etwas einfacher.

▼ UNTERWEGS ZUM NISTPLATZ

Felsenpinguine überwinden auf dem Weg vom Nistplatz zum Meer große, hürdenreiche Distanzen. Da sie standorttreu sind, also immer wieder denselben Platz aufsuchen, haben sie täglich denselben Weg zurückzulegen. Geeignete Standorte zu finden ist schwieriger als einen passenden Partner auszumachen, weshalb Felsenpinguine nicht unbedingt Lebenspartnerschaften eingehen.

▲ RAST AM STRAND
Diese Eselspinguine kommen nach der Futtersuche im Meer in einem Rudel an den Strand zurück, um in der Gruppe zum Standort zu marschieren. Unterwegs machen sie oft Halt, wenn es ohne Risiko möglich ist, damit die Schar wieder möglichst dicht aufrücken kann.

◄ FELSENPINGUINE AUF DEM MARSCH
Je weiter sie ins Landesinnere kommen, desto kleiner werden die Grüppchen oder sie bilden sich in lange Reihen um, die im Gänsemarsch marschieren.

NIX WIE WEG ►
Felsenpinguine favorisieren sehr schwierige Anlandestellen, auf denen sie oft sehr unelegant auftreffen. Damit sie von der nächsten Welle nicht wieder ins Meer zurückgespült werden, müssen sie sofort einen kurzen Spurt hinlegen, der sie rasch aus der Gefahrenzone bringt.

◀ EISIGE RAST
Zügelpinguine sind, was ihre Ernährung betrifft, auf Krustentiere und vor allem auf Krill spezialisiert, weshalb sie knapp unter der Wasseroberfläche auf Nahrungssuche gehen, wo es diese Beute reichlich gibt. Wenn sie eine Ruhepause brauchen, hüpfen sie auf eine vorbei treibende Eisscholle.

◀ ENERGISCHE CHARAKTERE
Obwohl sie klein sind – die drittkleinsten unter den Pinguinen der Erde – sind Felsenpinguine sehr energisch und lassen sich von niemandem, weder von anderen Pinguinarten noch von Menschen, ihr Wegerecht streitig machen. Wenn sie von ihrer Kolonie zum Wasser und zurück marschieren, bilden sie wehrhafte kleine »Gangs«, die sich von nichts und niemandem einschüchtern lassen.

◀ EILMARSCH
Einmal unterwegs, wirken Felsenpinguine, die zu ihrer Kolonie zurückkehren, oft wie ein Trupp Soldaten beim Eilmarsch, der sich durch nichts aufhalten lässt.

RÜCKKEHR AUS DEM MEER ▼

Wenn Felsenpinguine aus der schäumenden Brandung heraus auf die glatten Felsen hüpfen, sieht man besonders deutlich, was für zähe kleine Burschen diese Pinguine sind.

SCHNELLSTRASSE DER ZÜGELPINGUINE ▶

Einen vereisten Hügel hinaufzumarschieren ist nicht leicht, auch nicht für einen Zügelpinguin, der hier zu Hause ist. Während der Brutzeit wird der immer selbe Weg so oft genommen, dass sich eine regelrechte Straße bildet, die sich farblich von der Umgebung abhebt, weil hier viel Guano und ausgewürgter Krill zurückbleibt.

◀▲ **RÜCKKEHR DER FELSENPINGUINE**
Wenn die Felsen, an denen die Pinguine wieder an Land kommen, voller Tang sind, ist der Landgang besonders schwierig, weil sich die Füße darin verheddern. Gehen sie an einem Sandstrand an Land, sehen sie zu, dass sie so schnell wie möglich die steilen Felsen erreichen, auf der sie ihre Kolonie mit den Albatrossen teilen.

▲ **FRÜHPATROUILLE**
Gleich nach Sonnenaufgang eilen die Pinguine ins Meer, um an ihren Frühstücksfisch zu kommen. Bis zum Sonnenuntergang heißt es nun, so viel fressen wie möglich, um auch den Nachwuchs füttern zu können.

◀ **ANTARKTISCHE RUSHHOUR**
Wenn die Pinguine abends wieder an Land kommen, scheinen sie zu wissen, dass die Jungen sehnsüchtig warten: Es setzt die antarktische Rushhour ein.

◀ **PINGUINDIÄT**
Die einzelnen Pinguinarten sind auf verschiedene Beutetiere geprägt, manche bevorzugen Fisch, andere Krustentiere, Tintenfische oder Plankton, doch alle sind Fleischfresser. Wenn sie nach einem erfolgreichen Fangtag aus dem Meer kommen, sind ihre Bäuche sichtlich runder als am Morgen.

NAVIGATIONSTECHNIKEN ▶
Man glaubt, dass sich Pinguine vor allem am Sonnenstand orientieren, denn sie wählen bei unbedecktem Himmel den geradesten Weg zur Kolonie zurück.

▲ **ALLEINGANG**
In der Brutzeit wechseln sich die Eltern in ihren Pflichten meist ab. Während der eine Futter sucht, bewacht der andere das Küken. Mehrmals am Tag tauschen sie diese Rolle, so dass in der Kolonie ein ständiges Kommen und Gehen herrscht.

◀ **INSTINKTIVE WANDERUNG**
Die Wanderung von und zu den Brutkolonien ist den Pinguinen seit Hunderten, vielleicht Tausenden von Jahren eingeprägt, denn die einmal gewählten Brutplätze werden selten verlassen. Wenn das geschieht, so liegt entweder ein Klimawandel oder eine massive Störung durch Menschen vor – zwei Faktoren, die für Pinguine die größte Bedrohung darstellen.

▼ **ERSTER!**
Jeden Morgen gibt es einen Ersten, der sich ins Meer begibt. Der Drang, beim Morgengrauen ins Wasser zu kommen, um Nahrung zu suchen, ist größer als die Angst vor dem Risiko, selbst gefressen zu werden, etwa von einem Seelöwen.

GESELLSCHAFT-LICHES LEBEN

Pinguine sind Experten des Zusammenlebens – sie müssen es sein, denn in der feindlichen Umgebung ihres Lebensraums kann keiner allein überleben. Dennoch kommt es oft genug zu Streitigkeiten mit den Nachbarn, und auch die Suche nach einem Partner und die Aufzucht der Jungen geht selten ohne Reibereien und Familienzwiste über die Bühne

KONFERENZ DER PINGUINE ▶
Das Leben in der Kolonie bedeutet, dass sich die Tiere ständig irgendwie zusammenraufen müssen. Ob sie der Kälte wegen dicht zusammenrücken oder mit Freunden ein kleines Grüppchen bilden, fast immer sieht man sie in Gesellschaft anderer. Worüber diese Königspinguine unter dem Regenbogen wohl diskutieren mögen?

ABENDLIED
Auf den Falklandinseln mitten in einer Kolonie von Eselspinguinen sitzen zu dürfen, war eines unserer schönsten Erlebnisse. Kurz vor Sonnenuntergang lassen sie ganz plötzlich ihre heiseren Rufe hören, die ihnen ihren deutschen Namen eingetragen haben. Sie legen den Kopf in den Nacken, schauen nach oben, als wollten sie den Sternenhimmel betrachten, und lassen ihre ohrenbetäubenden, dennoch melodischen ein oder zwei Töne hören. Die Jungen imitieren die Eltern, müssen aber erst lernen, den richtigen Ton zu treffen.

◀ RUFENDER ESELSPINGUIN

Ein Eselspinguin stößt während des Tages seinen typischen Ruf aus. Ob es sich dabei um eine Aktivität handelt, die das Zusammengehörigkeitsgefühl stärkt, oder ob andere Gründe dahinter stecken, ist ungeklärt, aber den ganzen Tag über hört man immer wieder einzelne Rufe, bis dann in der Abenddämmerung die ganze Kolonie vereint zu »singen« beginnt.

NACHBARLICHER BESUCH ▶

Eselspinguine bevorzugen eis- und schneefreie Felsen für das Brutgeschäft. Man findet sie zwar in verschiedenen Habitats, aber der nackte Fels ist ihnen am liebsten. Meist ist dieser Fels durch jahrelange Bewohnung mit einer dicken Schicht Guano überzogen. Ganz links im Bild sieht man ein paar neugierige Zügelpinguine, die zu Besuch gekommen sind.

PINGUINSTREIT
Felsenpinguine sehen mit ihrer »Frisur« nicht nur wie Punk-Rocker aus, sie sind auch rechte Streithähne, sowohl untereinander als auch in Konkurrenz mit anderen Arten. Mit ihren scharfen Schnäbeln krächzen sie sich nicht nur gegenseitig an, sie verwenden sie durchaus auch als Waffen gegeneinander. Diese beiden streiten sich darum, wer zuerst unter die Dusche darf.

PERSÖNLICHER FREIRAUM
Genau wie Menschen haben auch Pinguine Freunde und solche Artgenossen, die sie nicht leiden können. Laute Töne und ein kleiner, kurzer Hieb mit dem scharfen Schnabel reichen meist aus, um deutlich zu machen, dass die Annäherung eines anderen unerwünscht ist.

STANDORTWAHL
Die Wahl des Ortes, an dem eine Kolonie ihren Standort hat, scheint weniger von der Umgebung an Land abzuhängen als vielmehr von der Unterwassergeografie. Nähe zu flachem, daher wärmerem und an Nährstoffen reicherem Wasser scheint ein ganz entscheidender Faktor bei der Standortwahl zu sein.

◄ **DANN GEH ICH HALT**

Es sieht so aus, als hätten zwei der Königspinguine am ruhigen Strand dem Dritten gesagt: »Verzieh dich!« Hintergrund der Annahme ist die Tatsache, dass die Aufnahme zur Paarungszeit gemacht wurde: Vielleicht haben sich zwei gefunden, die einen Dritten nicht brauchen können.

RIVALENSTREIT ►

Obwohl bei den meisten Pinguinarten Männchen von Weibchen nur schwer zu unterscheiden sind, scheint es sich hier um eine Rivalität zur Paarungszeit zu handeln. Während ein Männchen ein anderes mit der Flosse auf Abstand hält, bestärkt das hinter ihm stehende Weibchen es wohl in seinem Verhalten.

◀ MITTAGSPAUSE
Selbst in den kältesten Bereichen der antarktischen Inselwelt sieht man Pinguine fast nie allein. Hier haben sich drei zusammengefunden, um während der Futtersuche auf einem im Meer schwimmenden Eisberg eine Pause einzulegen.

DREI ESELSPINGUINE AUF DEM EIS ▶
Die drei sind auf den herrlich blauen Eisberg gekommen, um sich auszuruhen und etwas Sonne zu tanken. Da für sie das Laufen auf dem Eis nicht einfach ist, »rodeln« sie oft auf dem Bauch über leicht abschüssiges Gelände. Wenn Eselspinguine von der Kante des Eisbergs ins Wasser springen tun sie das immer mit den Füßen voran.

GEGENSEITIGE UNTERSTÜTZUNG

Der tägliche Gang von der Kolonie zum Meer ist für Felsenpinguine besonders gefahrenreich. Die Gruppe scheint da Sicherheit zu bieten, weshalb sich immer erst eine kleine Schar von Tieren zusammentut, ehe der Gang zum Meer beginnt.

MINNEDIENST

Das Werben der Männchen um die passende Partnerin hat durchaus Züge mittelalterlich-höfischer Minne. Bis zu zwei Jahre lang wirbt ein männlicher Königspinguin mit allerlei Ritualen um die Angebetete, während er Rivalen auszustechen versucht. Hier hält sich ein Weibchen zwei Bewerber vom Leib, ehe sie sich dem Erwählten mit Freundlichkeit zuwendet.

◄▲ VERHALTEN DER BRILLENPINGUINE
Diese Art ist insofern ungewöhnlich, als sie keine großen Kolonien anzulegen pflegt, vielmehr finden sich die Tiere in einem weiten Areal zusammen, in dem sie Brutlöcher buddeln. Diese kleinen Gruben werden gegenüber Nachbarn und Eindringlingen heftig verteidigt. Wer Herr im Haus ist, wird mit einem Schrei kundgetan, der an den des Esels erinnert, weshalb man diese Pinguine im Englischen auch »Jackass« (Esel) nennt, was leicht zur Verwechslung mit der im Deutschen Eselspinguine genannten Art führt.

WILLKOMMENSKÜSSCHEN ▶
Zwischen den Paaren der Brillenpinguine bestehen enge Bindungen, die täglich, wenn einer der Vögel zum Brutloch zurückkehrt, durch Schnäbeln und gegenseitige Gefiederpflege bestätigt werden.

WERBUNG DER FELSENPINGUINE ▼
Die Art, wie Felsenpinguine zueinander finden, unterscheidet sich kaum von der anderer Arten; auch bei ihnen spielt das Rufen eine wichtige Rolle, wobei ihr »Gesang« eher einem grauenerregenden Schrei gleicht. Sie kommen jedes Jahr, fast auf den Tag genau, zum selben Brutplatz zurück, was angesichts der Wetterschwankungen und der Ungewissheit im Nahrungsangebot sehr erstaunlich ist.

MUSKELSPIELE ▲

Geschlechtsreif gewordene Männchen oder solche, die ihre Partnerin verloren haben, versuchen sich oft in schon geknüpfte Partnerschaften hineinzudrängen, was meist Ärger gibt, der mit heftigem Flossenschlagen beginnt, aber bis zu blutigen Schnabelkämpfen führen kann.

GERECKTE HÄLSE ▶

Ein weiblicher Königspinguin im Kreise von drei Bewerbern. Das Rennen wird derjenige machen, der am längsten mit lang gerecktem Hals ausharren kann, eine Haltung, die manchmal tagelang eingenommen wird.

◀ JUNGGESELLEN AM STRAND

Männliche Königspinguine, die keine Partnerin gefunden haben oder zur Paarung noch zu jung sind, finden sich manchmal in Junggesellengruppen am Strand zusammen. Fernab von der Brutkolonie stehend, beobachten sie genau, was dort vor sich geht; vielleicht, um sich für das nächste Jahr ein paar Tricks abzugucken.

GLEICHZEITIGKEIT

Eines der Balzrituale der Königspinguine ist das gleichzeitige Langstrecken der Hälse. Auch das Verbeugen und das Ausstoßen von Lauten gehört dazu, schließlich berühren sich die Tiere mit Schnäbeln, Hälsen und Füßen.

BALZRITUALE ▲

Hat sich ein Weibchen für ein Männchen entschieden oder einen früheren Partner wieder getroffen, vollführt es zusammen mit dem Auserwählten eine Reihe von Balzritualen.

◀ **PAARUNGSVERHALTEN**
Während der Werbung senkt das Weibchen den Kopf, das Männchen beugt sich darüber und klappert ihr mit dem Schnabel »süße Worte« ins Ohr.

▲ **PAARUNG DER KÖNIGSPINGUINE**
Schließlich erfolgt die Paarung, bei der das Männchen dem am Boden liegenden Weibchen auf den Rücken steigt. Manche Beobachter sagen, das sicherste Unterscheidungsmerkmal zwischen Männchen und Weibchen seien die matschigen Fußabdrücke auf den Rücken der Weibchen.

STARKE BANDE

Königspinguine haben ganz besonders ausgeprägte Rituale im Zusammenhang mit ihrem Paarungsverhalten, sogar »Umarmungen« kommen vor. All diese Rituale dienen der Festigung der Paarbindung.

◀ KURZLEBIGE MONOGAMIE

Nur einen Monat nachdem die Küken erfolgreich großgezogen sind, können sich die weiblichen Königspinguine schon wieder paaren, während die frischgebackenen Väter dazu noch nicht in der Lage sind. Die Weibchen suchen sich deshalb einen neuen Partner unter denen, die vorher nicht zum Zuge kamen; dass dieselben Partner wieder zusammenkommen ist unwahrscheinlich.

MAUSER NACH DER AUFZUCHT ▶

Ehe die Königspinguine nach der Aufzucht der Jungen ins Wasser zurückkehren, legen sie das alte Federkleid ab. Ständiges Putzen beschleunigt den Prozess der Mauser. Rund um die Vögel bildet sich ein wahrer Federberg.

▼ FÜR DAS LEBEN LERNEN

Obwohl sie im Vergleich zu anderen Arten bei der Aufzucht der Jungen fast Eigenbrötler sind, finden sich die Brillenpinguine doch zusammen, wenn sie zum Fressen ins Meer eilen. Die Jungen kommen in »Horte«, wo sie von älteren Artgenossen lernen, wie man schwimmt und Fische fängt.

ÜBER-LEBENSKAMPF

Das Leben der Pinguine in der südlichen Hemisphäre ist hart. Die extremen Bedingungen ihres Lebensraums haben sie gezwungen, eine sehr spezialisierte Lebensweise zu entwickeln, um in dieser Umgebung und diesem Klima leben zu können, doch sind die Elemente nicht nur ihre Feinde.

◀ **FELSENPINGUINE VOR TOSENDER GISCHT**
Dass sich die Felsenpinguine ein so schwieriges Gelände zum Leben und Brüten gewählt haben, erstaunt immer wieder. Denn die flugunfähigen Vögel brüten ja nicht nur auf den gefährlichsten Felsvorsprüngen, sie sind vor allem in der Lage, diese durch Springen und Klettern zu erreichen. Für diese erstaunliche Leistung hat sie die Natur allerdings auch gut ausgerüstet.

RISKANTE LANDUNG ▶
Statt an einem sanften Sandsstrand an Land zu gehen, wählen die Felsenpinguine lieber die tosende Brandung der aufgewühlten See, um sich von den Brechern auf die Felsen schleudern zu lassen.

GEFÄHRLICHES SPIEL ▶
Das dramatische Bild zeigt deutlich, welcher enormen Aufgabe sich der kleine Felsenpinguin täglich freiwillig stellt, um an seine Nahrung zu kommen.

▼ FELSENPINGUINE IM KAMPF MIT DER BRANDUNG
Wenn man sieht, wie die kleinen Pinguine von den schäumenden Wellen erfasst und auf die Felsen geschleudert werden, bangt man um ihr Leben. Doch sie rappeln sich in Windeseile auf und klettern unverletzt auf höhere Felsen, wo sie die nächste Welle nicht erreicht.

◀ **MARSCH DURCH FEINDLICHE LINIEN**

Selbst wenn es die Felsenpinguine wieder aufs trockene Land geschafft haben, ist der Weg zurück zur Kolonie alles andere als sicher. In kleinen Grüppchen eilen sie im Zickzack durch die hier lagernden Seebären, was immer die Gefahr eines Angriffs birgt, wenn sich ein Seebär belästigt fühlt.

GEFAHRVOLLER PFAD ▶

Wie gefährlich der Weg zurück nach Hause zur Kolonie ist, zeigt diese Aufnahme. Zwischen dicht gelagerten Seebären müssen sich die Felsenpinguine einen sicheren Weg bahnen.

◀ **STÜRMISCHE ZEITEN**
Der fast ständig wehende Wind, der sich oft zum Sturm verstärkt, macht den Pinguinen das Leben nicht leichter. Das untere Bild zeigt zwei Eselspinguine, die sich mit ihren ausgestellten Flossen gegen den Sturm gestemmt vorankämpfen, um zur Kolonie zu kommen, wobei ihnen jede Menge Dreck entgegen geblasen wird.

EIN KÜKEN ALS LEICHTE BEUTE

Es ist für alle Lebewesen schwer, in der Antarktis zu überleben, und dieses Bild zeigt die harte Realität dieses Kampfes. Eine ganze Gruppe von Karakaras hat ein Pinguinküken umzingelt, das diesen Raubvögeln nicht mehr entkommen wird.

GEFÄHRLICHER RÄUBER ▶

Der Seeleopard ist einer der gefährlichsten Feinde der Pinguine, denn mit seinen scharfen Zähnen und seinem kräftigen Kiefer ist dieses außergewöhnliche Säugetier dem schwimmenden Vogel weit überlegen. Von treibenden Eisschollen aus, wo er auf der Lauer liegt, macht der Seeleopard aktiv Jagd auf junge, unerfahrene Pinguine.

AUF BEOBACHTUNGSPOSTEN ▶

Die Antarktische Riesenmöwe ist ein aggressiver Raubvogel und ein Spezialist im Stehlen von Pinguineiern. Sie macht sich über alleingelassene Küken her und schreckt auch vor Aas nicht zurück. Meist sitzen die Vögel am Rande von Kolonien und halten Ausschau nach ihrer Chance auf Futter.

STRANDLEBEN

Für alle Pinguine ist das Leben eine Existenz im schmalen Raum zwischen Meer und Land. Selbst der Kaiserpinguin ist an den Küstensaum der Antarktis gebunden, da auch er nur im Meer seine Nahrung findet. Der Strand ist der Übergangsbereich zwischen den beiden Lebensräumen, in denen sich das faszinierende Leben der Pinguine abspielt.

ESELSPINGUINE KOMMEN AN LAND

Darauf zu warten, dass Pinguine an Land kommen, kann sehr zeitraubend sein. Wir haben stundenlang gewartet, um dieses Bild von den ersten an Land kommenden Eselspinguinen zu machen. Im beginnenden Sonnenuntergang erscheinen sie wie weiße Punkte auf einem goldenen Strand.

GESCHICKTE WELLENREITER

Eigentlich sind es die Pinguine, die das Surfen erfunden haben, und zwar ohne dazu ein Brett zu brauchen! Ein Blick auf diese Bilder genügt, und man sieht, wie geschickt sie auf den Wellen zu reiten verstehen, und man hat den Eindruck, dass sie dabei eine Menge Spaß haben.

DER GEFAHR AUSWEICHEN

Zusammen mit Freunden zu surfen ist doppelter Spaß, wie diese Eselspinguine zeigen. Der eigentliche Sinn und Zweck dessen, was für uns nach Wassersport aussieht, ist freilich der, sich von den Wellen möglichst weit auf den Strand werfen zu lassen, weg von den Gefahren, die im Wasser durch die Seelöwen und andere Räuber lauern.

◀ UNELEGANTE LANDUNG
Wie man sieht, kann es auch dem geschicktesten Eselspinguin passieren, dass er abschmiert und höchst unelegant auf dem Hinterteil landet.

SURFER MIT MEHR STIL ▶
Normalerweise erreichen die Eselspinguine, wie das Bild oben zeigt, den Strand in eleganter Bauchlandung. Für den menschlichen Betrachter ist die Kunst, mit der die Pinguine surfen, einfach atemraubend.

KOMMEN UND GEHEN ▶
Während das Morgengrauen und die Abenddämmerung die antarktischen Rushhours der Pinguine darstellen, herrscht doch auch den ganzen Tag über ein ständiges Kommen und Gehen.

▼ NICKERCHEN IM SAND
Während der Brutsaison ist das Leben der Pinguine so anstrengend, dass sie oft den Punkt völliger Erschöpfung erreichen. Ein kleines Nickerchen im sonnenbeschienenen Sand ist dann einfach zu verlockend, um darauf zu verzichten.

▲ EINSAMER BLICK AUFS MEER
In dem Chaos, das entsteht, wenn die Pinguine an Land kommen, kann es leicht geschehen, dass ein Einzelner von den Freunden getrennt wird und allein landet. In der einsetzenden Abenddämmerung sieht man dann gelegentlich einen Versprengten allein am Strand stehen und starr aufs Meer hinausblicken. Der Grund für dieses Verhalten ist nicht bekannt. Für den menschlichen Beobachter sieht es so aus, als warte dieser eine verzweifelt auf die Ankunft eines ebenfalls versprengten Freundes, meist aber hat die Antarktis in einem solchen Moment einfach ein weiteres Opfer eingefordert.

◀ **DER WELLE ENTKOMMEN**
Während der Brutzeit halten sich die Pinguine so nahe wie möglich bei ihren Kolonien auf und suchen, wenn sie erst einmal an Land sind, dem Meer so rasch wie möglich zu entkommen. Im Winter aber schwimmen sie mehr als hundert Kilometer weit aufs offene Meer hinaus.

ESELSPINGUINE VERSAMMELN SICH AM STRAND ▶
Eselspinguine richten ihre Kolonien niemals am Strand ein, doch sie verbringen dort, wie wir beobachten konnten, einen beträchtlichen Anteil ihrer Zeit. Sie erholen sich hier, wenn sie vom Fischfang zurückkehren, nehmen Sonnenbäder, putzen ihr Gefieder und wirken fast wie Urlauber, die den Moment hinauszögern, ehe sie sich wieder in das Alltagsleben des Gedränges in der Kolonie zurück begeben.

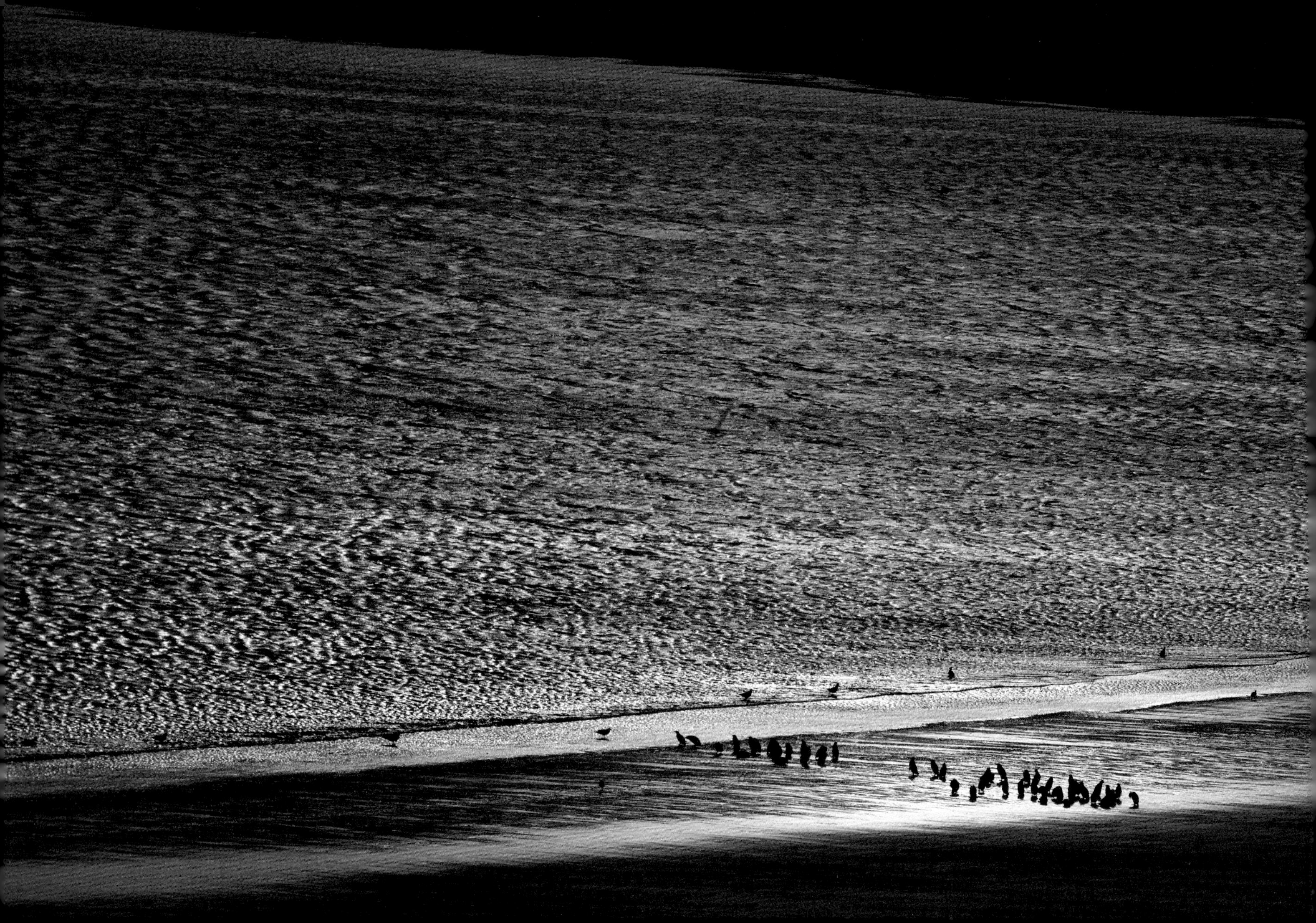

◀ **MEER, SOWEIT DAS AUGE REICHT**
Dieses Bild zeigt die wahre Relation zwischen den winzigen Vögeln und ihrem unendlich wirkenden Jagdrevier. Indem sie lernten, statt in der Luft im Wasser zu »fliegen«, erwarben sie sich die Möglichkeit, die Nährstoffreserven dieses Areals bestmöglich zu nutzen. Eine dicke Speckschicht schützt sie vor der eisigen Kälte ihres Lebensraums.

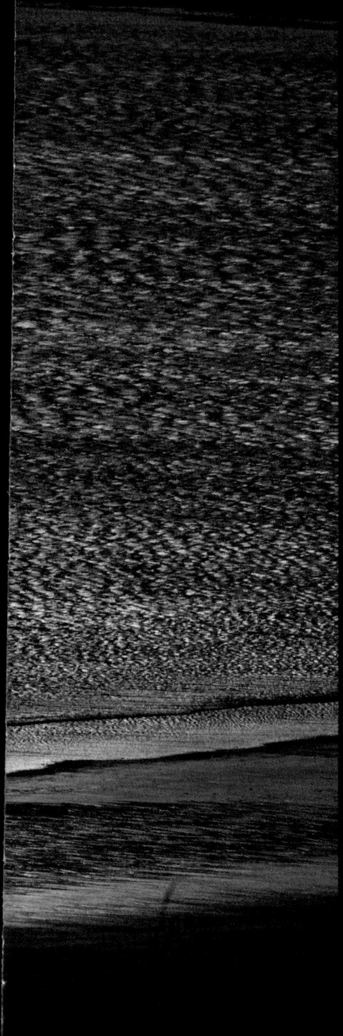

◀ **NÜTZLICHER SPECKMANTEL**
Der Speck, den die Pinguine unter der Haut haben und der ihnen als Isolierung gegen die Kälte ebenso dient wie als Schwimmhilfe, machte sie in der Vergangenheit zu eine beliebten Jagdobjekt der Menschen. Ebenso wie Wale wurden sie dieses Tran genannten Specks wegen gejagt – eine Praxis, die zum Glück der Vergangenheit angehört.

KÖNIGSPINGUINE EILEN ZUM WASSER ▶
Der Wind ist aus der Antarktis nicht wegzudenken. Diese Königspinguine eilen zum Wasser, um ihr Gefieder von dem klebrigen Sand zu reinigen, der ständig vom Wind aufgewirbelt wird und sich in ihren Federn verfängt.

NEUGIERIGER ESELSPINGUIN ▼
Obwohl sie früher von Menschen gejagt wurden, ist ihre Neugier größer als ihre Furcht. Vor allem ein Fotograf mit einem merkwürdigen dreibeinigen Gestell, auf dem eine Kamera mit einer in der Sonne blitzenden Linse installiert ist, in der man sich selbst gespiegelt sehen kann, ist eine unwiderstehliche Verlockung.

◀ IST DIE LUFT REIN?

Ehe sie sich von den Wellen an Land tragen lassen, springen die Pinguine oft aus dem Wasser, um zu sehen, ob sie gefahrlos landen können. Ist die Luft rein, warten sie auf die nächste Welle, die sie an Land spült.

DAS SCHIERE VERGNÜGEN ▶

Herrscht am Strand keine Gefahr, lassen sich die Pinguine gern wieder aufs Meer tragen und mit der nächsten Welle erneut an Land spülen und so fort. Unserer Beobachtung nach machen sie es um des schieren Vergnügens willen, vielleicht aber auch zu Übungszwecken.

DAS STRANDLEBEN GENIESSEN
Es scheint, als würden Pinguine den Aufenthalt am Strand rundum genießen – morgens, mittags, abends …

◀ **HANNEMANN, GEH DU VORAN!**
Einige Wochen hatten wir zusammen mit den Königspinguinen an den Stränden verbracht und beobachtet, dass immer einer allein vorangeht, ehe die anderen einer Gruppe ins Wasser folgen. Uns straften sie mit Verachtung, solange wir uns ihnen nicht auf Händen und Knien näherten.

◀ **WER ZUERST KOMMT …**
Dieser mutig voranschreitende Königspinguin ist der Erste, der sich ins Wasser begibt, um auf Fischfang zu gehen. Die anderen werden nicht lange auf sich warten lassen.

EINE ANDERE ART DES FLIEGENS
Man sagt, Pinguine seien »flugunfähig«, doch beobachtet man sie im Wasser, so sieht man, dass sie im Grunde fliegen, freilich in einem dafür ungewöhnlichen Element. Kein anderer Vogel kann es, was diese Kunst anlangt, mit den Pinguinen aufnehmen, obwohl es ja viele verschiedene Arten von Wasservögeln gibt.

HUT AB VOR PINGUINEN

Pinguine zu beobachten ist das schiere Vergnügen, das zumindest ist unser Eindruck. Diese sehr individuellen, charaktervollen Persönlichkeiten sind Ehrfurcht gebietende Vögel, die in der Natur einen außerordentlichen Platz einnehmen. Ihr Leben ist voller Fußangeln und großer Hindernisse und doch gelingt es ihnen, es großartig zu meistern; sie überleben, wo so manche gut ausgerüstete Polarexpedition scheiterte.

ANDY ÜBER PINGUINE

Meine erste Begegnung mit Pinguinen war Liebe auf den ersten Blick. Ich saß an einem von eiskaltem Wind gebeutelten Strand, als mit jeder anbrandenden Welle Eselspinguine an Land surften. Sie kamen nicht angeschwommen, sie surften. Bei diesem Anblick musste ich lächeln, und seither ist mir das Lächeln bei der Arbeit mit ihnen nicht vergangen, was ich nicht von allen Wildtieren behaupten kann, die ich fotografierte.

An einem Weihnachtsabend saß ich neben einer Brutkolonie von Königspinguinen. Gerade wollte ich für den Tag zusammenpacken, als in der Kolonie ein Mordswirbel entstand, zwei Jugendliche sich aus der Menge lösten und mit flappenden Flossen auf mich zu stürmten. Mit ihrem schon teilweise abgestreiften braunen Federkleid sahen sie zum Schreien komisch aus. Heiser quieksend umrundeten sie mich, und schlugen aufgeregt mit den Flossen, als wollten sie zum Flug abheben. Ich musste so lachen, dass es mir unmöglich war, ein einziges Bild aufzunehmen: Das ist die Macht der Pinguine.

Wenn ich mit Pinguinen arbeite, fühle ich mich wirklich eins mit der Natur. Zu beobachten, wie sie täglich unter den härtesten Bedingungen, die man sich vorstellen kann, um ihr Überleben kämpfen, machte mir deutlich, wie machtlos sie gegenüber ihrem Schicksal sind, denn es sind nicht die Pinguine, die ihre Umwelt zerstören, wir sind es. Der globale Klimawandel wirkt sich auf sie aus, und wir alle sollten alles tun, was wir können, um seine Auswirkungen so gering wie möglich zu halten, damit noch viele Generationen von Pinguinen überleben können. Die Pinguine sind von uns abhängig – wir sollten sie nicht im Stich lassen.

Für weitere Infos besuchen Sie die Website
www.andyrouse.co.uk

TRACEY ÜBER PINGUINE

Pinguine sind so bezaubernde und uns Westlern so vertraute Wesen, obgleich sie doch am äußersten Südende des Globus leben. Für die meisten von uns verbinden sich mit ihnen frühe Kindheitserinnerungen an erste Besuche im Zoo.

Wenn Pinguine in Comics als komische Charaktere auftreten, so sind sie damit keineswegs missrepräsentiert, denn sie können zum Schreien komisch sein, wenn man sie beobachtet; vielleicht, weil sie durch ihren aufrechten Gang so sehr an Menschen erinnern. Ich liebe sie.

Ich kann nicht sagen, welche Pinguinart mir die liebste ist, denn ich habe noch nicht alle kennen gelernt. Eines meiner unvergesslichsten Erlebnisse hatte ich auf den Falklandinseln. Ich saß am Rande einer Albatroskolonie, litt an einer dicken Erkältung und musste gegen einen heftigen Schwindel ankämpfen, weil ich dicht an einer Steilküste hockte. Während ich durch den Sucher blickte, sah ich aus dem Augenwinkel schräg hinter mir eine Bewegung. Ich blickte mich um und sah einen Trupp Felsenpinguine neugierig auf mich zuwatscheln. Unvermittelt blieb der Erste in der Marschkolonne stehen, die anderen stolperten in ihn hinein und es gab eine Massenkarambolage. Verärgert rappelten sie sich auf und klopften sich den Staub von den Fräcken, ohne ihren neugierigen Blick von mir zu wenden. Ein paar kamen näher und zupften mich an den Stiefeln und am Ärmel – und ich fühlte mich plötzlich sehr viel besser.

DANKSAGUNG

Wir danken Ian und Marion Moncrieff, Kapitän Nick Lambert RN, der Crew der HMS *Endurance*, Connie Stevens, Tony und Kim Chater, Susan und David Pole Evans, Rod und Phyll Tuckwood, Rob und allen auf Sealion Island, Lyn McGonigal, David und Annie Woods, Mark Carwardine, Neil Barber von David & Charles, Andrew Jackson und allen bei ACTPIX.

Alle Bilder dieses Buches wurden entweder mit einer Canon EOS 1Ds MK2 oder einer EOS 1D MK2 und Linsen zwischen 17mm und 500 mm aufgenommen. Paramo-Kleidung hielt uns warm, während Jobo GigaVu Downloaders unsere Bilder sicher bewahrten. Die Bilder wurden mit Adobe-Software bearbeitet, doch wurde keinerlei Manipulation vorgenommen, mit Ausnahme kleinerer Angleichungen bei Belichtung, Kontrast und Farbreinheit.

LITERATUR

McGonigal, D. und Woodsworth, L.: *Antarctica – The Complete Story*, The Five Mile Press (2001); ISBN: 1-8650-3541-6